AF234255

HISTOIRE DE M. A. THIERS.

Paris. — Imprimerie d'A. René, rue de Seine, 32.

HISTOIRE ÉDIFIANTE

ET CURIEUSE

DE

M. A. THIERS

PAR SATAN.

ÉDITION POPULAIRE.

PARIS

GEORGES DAIRNVÆLL, ÉDITEUR,

RUE RAMEAU, 7 (PLACE RICHELIEU).

1848

HISTOIRE ÉDIFIANTE

DE M. A. THIERS.

———

Le petit homme se croit assez revenu sur l'eau pour songer à devenir... PRÉSIDENT DE LA RÉPUBLIQUE!... lui!... le ministre servile de Louis-Philippe, le renégat de la Révolution française! l'auteur des lois de septembre!... Sommes-nous déjà tellement tombés, tellement abandonnés de Dieu, que nous ne puissions trouver un sauveur qu'en élevant au-dessus de nous cet homme d'Etat sans dignité et sans grandeur, qui fit, avec MM. Guizot et Molé, partie de l'inévitable trilogie de Louis-Philippe? Non, cela ne peut être, et M. le général Cavaignac ne compromettra ni son talent ni son caractère en s'alliant à un tel personnage. Les fautes énormes du gouvernement provisoire et de la commission des cinq n'ont pas changé la nature de M. Thiers; ses connaissances peuvent être utiles à l'Assemblée nationale; son ascendant ne peut y être que pernicieux; son élévation au pouvoir serait le signal de la guerre civile. M. Thiers ne s'est rallié à la République que pour la tuer, non pas ouvertement, loyalement, en pleine tribune et en plein journal, mais sournoisement, par de misérables intrigues et de détestables manœuvres. En affichant bien haut des principes d'ordre et de liberté, il espère rallier à lui les honnêtes gens qui ignorent ou ont oublié ses actes. Sans les brutales maladresses des ultra-républicains, M. Thiers serait aujourd'hui ce qu'il était hier, un homme usé et déconsidéré. Que l'on ne s'y trompe pas, M. Thiers n'est pas un homme de principes; ce n'est qu'un roué égoïste, un disciple sans cœur de l'école de Talleyrand, un de ces hommes enfin qui sont toujours prêts à sacrifier à leur personnalité l'ordre, la gloire, la liberté et la nationalité de la France. Que l'on ne s'y trompe pas, dans l'insurrection de juin, ce n'est pas la République qui a été vaincue ; c'est elle, au contraire, qui a détruit l'anarchie et éloigné de nous ces déplorables voltigeurs de 93, qui, au nom de la liberté et du progrès, trompent le peuple, veulent le pouvoir en bas pour qu'il soit à leur taille, et demandent à un despotisme sanglant la consécration de leurs vœux sacriléges.

M. Thiers a un caractère si mobile qu'il est bien difficile de ne pas s'égarer avec lui dans le dédale ; il faut s'attacher à ses pas et saisir un à un tous les traits qui doivent former l'ensemble de son portrait.

L'auteur de l'*Histoire de la Révolution française* est né à Marseille, en 1798 ; c'est sans doute pour cela qu'il se dit enfant de la Révolution. Du reste, il est enfant du peuple ; son père était serrurier, et quelques-uns de ses parents exercent encore en province diverses professions manuelles. Si l'on en croit les condisciples de M. Thiers, le jeune collégien fut un assez médiocre élève ; ses anciens amis se souviennent encore de sa loquacité, de son pédantisme, de ses formes un peu fières, et de sa facilité à défendre des doctrines aussi absurdes que paradoxales.

Sa famille ayant décidé qu'il serait avocat, il fut envoyé à Aix, chez M. Arnaud, père de Mme Ch. Reybaud ; M. Arnaud lui offrit son domicile et ses livres, ce que le jeune Thiers accepta, mais ce qu'il a depuis oublié. A la rentrée des Bourbons, les idées libérales, longtemps couvées, vers les derniers temps de l'Empire, dans les salons de Mme de Staël, éclorent enfin au souffle de la Charte de Louis XVIII. Les mêmes sentiments politiques unirent M. Thiers à quelques étudiants qui sont, depuis, devenus célèbres ; ce sont MM. Mignet, A. Crémieux, Alp. Rabbe.

Le débuts de M. Thiers au barreau de la

ville d'Aix furent assez pâles, on pourrait même dire malheureux. On goûtait peu cet avocat aux formes grêles, à l'organe criard, à l'éloquence empoulée et à la pantomime ridicule.

Après sa chute M. Thiers se rejeta sur la littérature ; il concourut pour des prix proposés par les Académies et en gagna plusieurs.

Aix fut bientôt un théâtre trop étroit pour l'ambition du jeune avocat. Alp. Rabbe était à Paris ; son esprit profond et sa poignante ironie lui avaient valu quelques succès ; il passait même pour avoir une brillante position, bien qu'il n'eût pu encore, depuis une année de séjour, utiliser sa plume dans les journaux. Un jour, pendant que Rabbe était avec quelques amis dans une modeste chambre de *l'l'hôtel Montesquieu*, un nouveau venu se présenta. C'était un petit homme, la tête suspendue à une paire de lunettes, portant un habit d'une nuance à désespérer la chimie, un pantalon collant, très-court, remontant au mollet et revêtu d'un lustre accu-

sateur. Joignez à cela des bottes de por-
teur d'eau, et coiffez ce petit homme d'un
chapeau fabuleux digne de figurer dans le
cabinet d'un antiquaire, vous aurez le fi-
dèle portrait de M. Thiers, alors apprenti
littérateur.

Une fois sur le pavé de Paris, M. Thiers
fut longtemps obscur et malheureux ; rien
ne lui présageait sa grande fortune, et il
dut la vie à la généreuse amitié d'Alphonse
Rabbe. Avant d'entrer plus avant dans la
vie de ce célèbre aventurier politique,
nous croyons utile de placer ici le portrait
que Saint-Simon fait d'un nommé Rémond,
homme d'affaires de Dubois ; le caustique
écrivain avait-il deviné M. Thiers ? Jugez-
en : — « Rémond, dont il est parlé ail-
« leurs, fut introducteur des ambassadeurs ;
« comme il devint une espèce de petit per-
« sonnage, et un subalterne fort dangereux,
« il est à propos de le faire encore mieux
« connaître. Il était fils de Rémond, fer-
« mier général, connu sous le nom de Ré-
« mond-le-Diable. Ce fils *était un petit*
« *homme qui n'était pas achevé de faire,*

« et comme un biscuit manqué, avec de
« vilains traits et une voix enrouée comme
« un homme réveillé en pleine nuit en sur-
« saut. Il avait beaucoup d'esprit ; il avait
« aussi de la lecture et des lettres, et en-
« core plus *d'effronterie, d'opinion de soi*
« *et de mépris des autres. Il se piquait de*
« *tout savoir*, prose, poésie, philosophie,
« histoire, même galanterie, ce qui lui
« procura force ridicules aventures et
« brocards. Il fut le savant des uns, le
« confident et le commode des autres,
« et de plus d'une façon, et ne se ca-
« chant pas de la détestable manie de
« rapporteur quand on le voulut et que
« cela lui parut utile. Il s'attacha surtout
« à l'abbé Dubois, dont il allait disant pis
« que pendre, pour faire parler les gens
« et le lui aller redire ; enfin à Stairs (am-
« bassadeur d'Angleterre), dont il devint
« le panégyriste et l'homme à tout faire.
« Sa souplesse, l'ornement de son esprit,
« son aisance à parler et à frapper, sa fa-
« cilité à adopter le goût de chacun, une
« sorte d'agrément que l'on trouvait dans

« sa singularité, le mirent quelque temps
« fort à la mode. Il a fini par épouser une
« fille du *joaillier* Rondé, en quoi il n'y eut
« ni disparité, ni mésalliance, et par don-
« ner des soupers à bonne et honorable
« compagnie. » Qu'en dites-vous ?

A force de persévérance et d'intrigue,
M. Thiers parvint à se faire présenter au
célèbre député Manuel, qui était une puis-
sance ; l'illustre libéral l'introduisit au
Constitutionnel, où il s'occupa d'abord
des articles sur le Salon. Avant de faire
de la politique, M. Thiers fit de la pein-
ture : ce ne fut qu'un changement de *cou-
leur*.

Ses premiers écrits politiques furent un
acte d'ingratitude. Il combattit l'élection
de Manuel, expulsé de la Chambre par les
ultras et le centre ; il combattit l'homme
qui, ayant deviné son talent, lui avait
tendu la main. Cette trahison, aussi lâche
que perfide, fut un prélude à ce qu'il a fait
depuis lors ; il est vrai que, pour affaiblir
l'odieux de l'ingratitude, il l'a érigée en
vertu d'Etat.

Passé sous la protection de M. Lafitte, qui était alors le drapeau du jeune libéralisme et des vieux braves de l'Empire, il est à peine reçu dans ses salons qu'il y entre le chapeau sur la tête, se donne des airs protecteurs, demande à tout le monde des renseignements pour son *Histoire de la Révolution*, cherche à se donner de l'importance et ne parvient pas à s'en créer une.

Reçu chez un riche banquier, il ne s'occupe plus que de finances, et publie sa notice sur Law, pour laquelle il avait été consulter M. Ouvrard jusqu'à Sainte Pélagie.

Félix Bodin, ayant eu l'idée d'écrire une *Histoire de la Révolution*, s'adjoignit M. Thiers comme secrétaire; au bout de trois mois et d'un premier volume, Félix Bodin n'était plus l'auteur de son livre, et M. Thiers le chassait d'un ouvrage où il avait été lui-même introduit.

Intrigant, vif, hardi, sans façon, M. Thiers espéra tout de l'avenir et de sa position. Il se fit élégant, parada sur le perron de Tortoni, monta à cheval, eut

des *liaisons diplomatiques*... à l'Opéra,
et singea passablement le mauvais sujet
de bon goût.

Malgré ses extravagances la renommée
ne s'occupait guère de lui ; il résolut pour
la fixer de continuer sérieusement son
Histoire de la Révolution, que le nom de
Bodin avait déjà fait connaître.

Par un nouvel acte d'ingratitude,
M. Thiers déserta *le Constitutionnel*,
dont le libéralisme lui paraissait trop froid,
et il fonda avec Armand Carrel *le National*. Ce fut en vain qu'il chercha à étouffer le talent de son honorable collaborateur. Carrel, homme d'honneur, de conviction et de courage, lui était supérieur
en tout. Lorsque parurent les ordonnances
liberticides de juillet, M. Thiers signa la
protestation des journalistes, protestation
qui pouvait lui coûter la tête et qui parut le
lendemain dans un supplément du *National*.

Lorsque la fusillade se fit entendre, le
journaliste ne parut pas aux barricades,
mais on le rencontra sur la route de
Neuilly.

De retour à Paris, M. Thiers abandonna *le National* pour se rallier à la nouvelle dynastie et briguer les emplois. Il faut avouer qu'il avait alors autant de curiosité que d'ambition. Il fureta partout, chercha les secrets de toutes les archives, et joua longtemps en enfant avec les ressorts de la machine administrative. On le vit entrer partout, offrir ses services à Lafayette et à M. Guizot, à Louis-Philippe et à M. Laffitte : le baron Louis lui ouvrit les portes du conseil d'Etat et le fit entrer aux finances.

J'arrive ici à la partie la moins *glorieuse* de la vie de M. Thiers ; on a crié à la concussion, on a parlé de dépêches télégraphiques. N'ayant aucune preuve pour ou contre ces accusations, je ne puis porter un jugement.

Le ministère de M. Laffitte fut court ; ce qui n'empêcha pas que M. Thiers ne faillît ruiner l'Etat par son coup d'essai sur l'impôt de quotité *. En ces temps-

* De nos jours la France sait ce que lui coûte l'apprentissage de M. Louis Blanc, ce grand dés-

là M. Thiers était tribun du peuple ; sa voix nasillarde glapissait à la romaine ; M. Thiers voulait recommencer les temps antiques de l'ère républicaine, il admirait la propagande et les destructeurs de l'archevêché.

Le ministère de Casimir Périer vint l'arrêter dans son essor et le rejeter dans l'ombre. Ce ne fut qu'un temps d'arrêt, M. Thiers se rallia presqu'aussitôt au ministère de la paix et de la résistance. Il cessa de saluer M. Lafitte, fit la guerre à la gauche et à la coalition dirigée par MM. Berryer et Barrot ; fut plus monarchique que le roi ; défendit l'hérédité de la pairie, les pensions des Vendéens, la liste civile et les gras appointements des *cumulards*.

Ses succès de tribune ne lui suffisant organisateur qui a failli amener chez nous l'égalité de la misère. Le peuple devrait enfin se méfier de ces charlatans populaires qui le flattent, lui mentent impudemment et abandonnent ses intérêts aussitôt qu'ils n'ont plus besoin de lui. Il y a du reste de grands points de ressemblance entre MM. Thiers et Louis Blanc.

pas, il attaqua la coalition *carlo-républi-caine* dans son pamphlet de la *Monarchie de 1830.*

Redevenu ministre, M. Thiers trouva dans ses attributions de quoi satisfaire son insatiable curiosité et son ambition. Jaloux de la gloire de Fouché, il fait mouvoir tous les ressorts de la police, et pour se rendre agréable à son maître, il achète à l'infâme Deutz le secret de la retraite de la duchesse de Berry, qui fut arrêtée en Vendée et gardée dans la citadelle de Blaye par le geôlier Bugeaud.

Quoique fort bien en cour, l'élève de Talleyrand n'était pas encore à son apogée. Soutenu par les doctrinaires, il avait fait à la Chambre de pauvres débuts. Il se drapait en vain ; en vain enflait-il sa voix et cherchait-il à ennoblir ses gestes ; il n'obtenait que des succès d'hilarité. Tout le monde reprochait à M. Lafitte l'invention de ce tribun criard et décousu dont toute l'éloquence allait du pathos au cancan de portière.

Après avoir été ministre de l'intérieur,

M. Thiers, qui a la prétention d'être un homme universel, convoita le portefeuille du commerce et des monuments publics : les études de chemins de fer et de canaux et la loi des 100 millions fournirent des aliments à sa manie de travail, son audace l'aida, et son goût pour le plâtre le mit fort bien avec le roi maçon.

Revenu au ministère de l'intérieur, M. Thiers eut le spleen ; il lui fallait des distractions : on lâcha des gazelles dans son jardin ; le ministre s'amusa avec elles comme un enfant, et appela bientôt ses favoris ses gazelles. MM. Dithmer, Léon Faucher, Chambolle, Cavé, Guizard et Lavocat, furent les gazelles de M. Thiers.

Les passetemps du ministre ne furent pas tous si innocents, car il assista en personne aux journées des 5 et 6 juin, et le sang répandu dans la cruelle boucherie de Transnonain tache encore son front. M. Thiers était le complice du *renégat de Gand*, de l'homme qui venait rassurer la Chambre par ces mots : « *Nous avons envoyé à Lyon des ordres impitoyables.* »

Après avoir passé dans plusieurs minis-
tères, M. Thiers se donna le plaisir d'en-
voyer sa démission au roi ; on le supplia
de garder son portefeuille, et ce fut pour
obéir aux instances de MM. Jacqueminot
et Fulchiron qu'il voulut bien accepter la
présidence du conseil et le ministère des
affaires étrangères. Comme on le voit, il
avait su faire son chemin, d'abord en trahissant les hommes et les principes, ensuite
en trahissant les peuples.

Si l'on veut faire un plagiat dans l'histoire, tuer la liberté et la fraternité,
arborer au dehors le drapeau de la peur,
et au dedans celui de l'égoïsme et de la
corruption, M. Thiers est nécessaire ; car
nul n'a pris plus de part que lui à l'aban-
don des peuples en 1830, nul n'a livré
plus lâchement la Pologne, l'Italie et la
Belgique ; nul n'a défendu avec plus d'ar-
deur l'aristocratie et l'hérédité de la pairie ;
nul enfin, pour couronner tant d'infamies,
n'a été aussi loin que lui contre la liberté.

N'est-il pas l'auteur des *lois de septembre?*

Oui, M. Thiers a fabriqué cette machine infernale, destinée à tuer la presse d'un seul coup ; et c'est à l'oppression qui a depuis pesé sur la presse que l'on doit l'ignorance du peuple ; s'il ignore encore quels sont ses droits et ses devoirs ; s'il se laisse encore égarer par des ambitieux de bas étage, et séduire par les plus détestables flatteurs, nous le devons à M. Thiers.

Après l'attentat de Fieschi, ne poussa-t-il pas le cynisme jusqu'à faire arrêter Carrel comme complice de cet assassin, et ne répondit-il pas à ceux qui lui reprochaient cette lâcheté :

« Je ne demande pas mieux de croire
« que M. Carrel est innocent. Quand il
« aura prouvé son innocence, nous lui
« rendrons la liberté ; il faut bien qu'il en
« coûte quelque chose d'être le chef de la
« RÉPUBLIQUE, car c'est la RÉPUBLIQUE qui
« a fait le coup. »

C'est le même homme qui se dit aujourd'hui le *représentant* d'un peuple républicain... en attendant mieux.

Le 22 février, M. Thiers, après avoir
été à tout le monde, veut enfin être à lui ;
il reprend dans les bureaux du *National*
le vieux drapeau sur lequel il avait écrit :
« *Le roi règne et ne gouverne pas.* » Le
Figaro politique fit des avances à la gauche dans la personne de M. Dufaure et
dans celle de M. Passy ; cela ne l'empêcha
pas de tomber, pour avoir demandé l'in-
tervention en Espagne. Louis-Philippe
laissait bien par instants croire à ses com-
mis qu'ils étaient de vrais ministres, mais
il ne tardait pas à leur rappeler qu'il ne
voulait auprès de lui que des valets. Froissé
de sa chute, M. Thiers se jeta dans les
bras de l'opposition, attaqua les lois de
septembre, qu'il osa nommer infâmes (ou-
bliant sans doute qu'il en était l'auteur),
appela son ancienne majorité une *quantité*
sans *qualité*; la fraction Lamartine, les
rêveurs; le centre Passy, les vieillards; le
maréchal Soult, le sabre de bois ou l'illustre fourreau, sans doute pour se venger
du nom de *petit Foutriquet* que lui avait
infligé le vainqueur de Toulouse. Madame

de Girardin, plus poli, appela M. Thiers : *Mirabeau-mouche*.

Le bosco-parlementaire, le gamin de la diplomatie parvint à faire tomber le ministère Molé, fortement ébranlé par la coalition.

L'opposition avait retrempé la popularité de M. Thiers. Il recommença ses exercices comme président du conseil et ministre des affaires étrangères. Il obtint de l'Angleterre la restitution des *cendres* de l'empereur. M. de Rémusat, son collègue, annonça cette nouvelle à la Chambre ; et, dans une improvisation patriotique, il appela Napoléon le *souverain légitime de la France*. Ces paroles ne furent pas perdues, et l'échauffourée de Boulogne fit tomber entre les mains du juste-milieu un neveu de l'empereur que les vieux pairs jetèrent dans la citadelle de Ham, presque à la même heure où les restes du grand capitaine traversaient triomphalement l'*Arc-de-l'Etoile* et les Champs-Elysées.

Le nom de Napoléon fut un piédestal

pour l'orgueil et l'ambition du chef du ministère du 1er mars ; pour avoir obtenu les cendres du martyr de Sainte-Hélène, M. Thiers se crut presque de la famille impériale ; il se drapa dans le manteau napoléonien. Sa démarche contrefit celle du grand homme ; ses yeux scintillèrent derrière ses lunettes ; il appela l'Angleterre une *magnanime alliée*, laissa la Méditerranée devenir un lac anglais, fit de la politique sentimentale, et fut dupe des fourberies de lord Palmerston, qui ourdissait alors avec M. Brunow le trop célèbre traité de Londres (15 juillet 1840). Lorsque M. Thiers fut officiellement averti, il improvisa un long *memorandum*, jeta les hauts cris, mit la main sur la garde de son épée, donna trois ou quatre fois son *ultimatum*, et finit tant de scandale par la note du 8 octobre.

Jusqu'alors M. Thiers avait fait la guerre dans son *Histoire de la Révolution* ; il voulut réaliser ses plans de campagne, il s'imagina qu'il était pour le moins premier consul ou dictateur ; il organisa l'armée, équipa la cavalerie, ou du moins voulut l'équiper en demandant à nos ennemis les chevaux qui nous manquaient et qu'ils eurent l'indélicatesse de nous refuser. Il augmenta nos ressources maritimes, répondit au canon de Beyrouth et de Saint-Jean-d'Acre par les fortifications de Paris, menaça l'Allemagne, et donna rendez-vous à l'Europe dans le bois de Boulogne, qu'il faisait abattre tout exprès. L'Angleterre et l'Europe se moquaient du belliqueux ministre, parce que dans le moment même où le *Journal des Débats* sonnait la charge, Louis-Philippe assurait aux souverains que la paix ne serait pas ébranlée, et que M. Guizot trahissait par ordre la France à Londres.

Si M. Thiers, connaissant les manœuvres indignes du roi et de l'ambassadeur, avait alors donné sa démission, cet acte de dignité lui aurait fait pardonner bien des choses. Il manqua d'énergie, et pour n'avoir pas voulu découvrir la couronne, il laissa la France sous le joug de la honte, et fut chassé comme un valet.

En résumé, M. Thiers, patriote dans ses discours, a été dans ses actes aussi plat et aussi violent que MM. Guizot et Molé. Qu'a donc de commun cet homme avec la démocratie ? A-t-il été plus national que les autres serviteurs de la monarchie ? Non ; il a été plus habile.

Les titres littéraires de M. Thiers sont réels ; l'*Histoire de la Révolution française* est un bel ouvrage qui se ressent de la sécheresse de cœur de l'homme d'État ; on y cherche en vain un mot de sympathie pour le peuple ; le système fataliste y étale toute sa laideur. M. Thiers n'est jamais du côté des vaincus ; tour à tour girondin et montagnard, il les abandonne dans leur chute et ne les défend que dans leurs prospérités ; fautes ou crimes, gloire ou désastre, tout est l'œuvre de la fatalité ; rien n'appartient à l'homme : tout est au destin. M. Thiers raconte les effets sans chercher les causes. Il copie servilement *le Moniteur* et lui emprunte même souvent sa froide logique et sa partialité. Ce déplorable système explique suffisamment l'ingratitude et les déréglements politiques de M. Thiers. La République est venue le surprendre sur le manuscrit des derniers volumes de l'*Histoire de l'Empire*, long pamphlet sans vérité et sans grandeur, destiné seulement à faire l'éloge du despotisme.

Elève de Talleyrand, le *dictateur* du 1er mars, l'embastilleur de Paris, lui emprunte quelques défauts sans lui prendre ses qualités. Il est impatient, distrait, causeur, bon enfant, indiscret, sans haine et sans amitié, sans souci de l'opinion publique, qu'il méprise et dont il est méprisé. Diplomate spirituel, il se prend au sérieux, il se croit très-délié, et ne trompe que ses amis. Homme sans caractère, sans principes, sans conviction, sans suite dans les idées, il est à la fois bavard et écouteur, sceptique et crédule, superficiel et gobe-mouche. Quand il doit monter à la tribune, il s'y prépare en parlant à tout le monde du sujet qui le préoccupe, il demande des objections et cherche à les combattre. Il est vrai que ce célèbre comédien n'apprend jamais ses rôles que dans la coulisse.

Pendant le long ministère de M. Guizot, M. Thiers a joué plus d'un rôle; suspecté par l'opposition, qu'il avait compromise, et obéissant aux ordres du roi, il a été longtemps muet *. L'*Histoire de l'Empire* occupait, disait-il, tous ses instants; le vote de la loi de régence lui a vu défendre le duc de Nemours contre M. de Lamartine; depuis nous avons lu son rapport sur l'instruction publique et ses discours hostiles au clergé. Ses moments d'impatience et de dépit ont valu à l'opposition des discours remarquables. La France a pu croire alors que M. Thiers combattait pour elle. Gens naïfs! M. Thiers combattait pour lui-même contre M. Guizot.

Appelé à faire partie du dernier ministère de Louis—Philippe, il venait à peine

---

* Si nous en croyons les indiscrétions, M. Thiers n'a été muet qu'à cause d'un horrible ratelier qui le faisait siffler en parlant. Dès qu'il a voulu mettre le prix à un dentier Fattet, il a de nouveau inondé la France de ses discours.

de faire le serment de sauver la monarchie, que la République était proclamée.
M. Thiers fit alors un acte de renonciation
aux grandeurs ; il convenait que n'ayant
pas toujours été républicain, il ne pouvait
servir activement la République ; certes
personne alors ne pensait à lui. Les journaux ultra-républicains crièrent tant à la
réaction, montrèrent tant de violence et
si peu de talent, que la réaction se montra
enfin. Le Gouvernement provisoire, prélu-
dant par des travaux sublimes à des fautes
irréparables, vint aussi faire les affaires
de la *réaction*. La commission des cinq
pentarques combla la mesure des fautes ;
et la France eut pendant quelques mois le
spectacle d'un gouvernement conspirant
contre lui-même, faisant battre le rappel
pour rassembler la garde nationale au
même instant où il distribuait des muni-
tions et des armes à des hommes qu'il lan-
çait contre elle. Né dans l'anarchie, le Gouvernement provisoire et sa queue croyaient
ne pouvoir vivre ailleurs. Une terrible res-
ponsabilité pèse sur les hommes nuls qui,

sortis des bureaux des journaux, ont voulu gouverner la France par eux et leur coterie. La République n'est pas responsable des fautes d'une coterie d'impuissants ; le pouvoir ne doit servir d'apprentissage à personne, mais on ne doit pas non plus le confier à ces roués sans âme et sans cœur qui, après avoir été les valets de la monarchie, veulent être aujourdui les soutiens et les guides de la République.

Voyez déjà M. Thiers à l'œuvre, voyez-le dans son club de la rue de Poitiers combattre en faveur des formes monarchiques ; déjà la vieille presse de Louis-Philippe se rallie à lui, elle espère qu'il va bientôt disposer des fonds secrets. M. Thiers déroule déjà son programme ; il veut deux Chambres, un président à vie, des lois sévères contre la presse, l'abolition du droit au travail ; et qu'il le dise bien vite, il veut encore *la meilleure des républiques* avec le retour des lois de septembre, et l'état de siége à perpétuité, non pour Paris seulement, mais pour la France entière.

En 1844, M. Thiers écrivait son fameux *Rapport sur l'instruction publique,* avec un sentiment de haine qui des jésuites s'était étendu au clergé tout entier. Dès les premiers jours de la République, M. Thiers s'est rallié à l'Eglise et a fait colporter une lettre dans laquelle il abjure sa haine contre l'ultramontanisme. Ou M. Thiers mentait en 1844 ou il ment aujourd'hui ; nul ne pourra comprendre que les opinions d'un homme se modifient et se changent du jour au lendemain, si ce n'est quand cet homme n'a ni cœur ni conscience. Si l'on nous objecte encore le talent de M. Thiers, nous répondrons : M. Guizot en a bien davantage ; que ne le rappelez-vous aussi et que ne le mettez-vous à la tête de la République ? Nous avons déjà dit que le talent de M. Thiers, resserré dans certaines limites, pouvait être utile. L'esprit froid, délié et retors de M. Thiers n'est pas digne d'une grande nation qui se gouverne elle-même.

Gens honnêtes de tous les partis, n'oubliez pas ce que fut M. Thiers et n'accordez plus légèrement votre confiance à un habile faiseur de phrases. Hors une république d'ordre, de liberté et de progrès, point de salut ; avec une régence ou une monarchie vous verrez renaître la guerre civile au dedans, et, au dehors, l'abaissement et la ruine de la France.

Georges DAIRNVÆLL.